PAUL SAINT-OLIVE

ARCHÉOLOGUE LYONNAIS

PAR

AIMÉ VINGTRINIER

LYON

CLAIRON-MONDET, LIBRAIRE-ÉDITEUR

8, PLACE BELLECOUR, 8

M DCCC LXXVII

PAUL SAINT-OLIVE

ARCHÉOLOGUE LYONNAIS

PAR

AIMÉ VINGTRINIER

LYON

GLAIRON-MONDET, LIBRAIRE-ÉDITEUR

8, PLACE BELLECOUR, 8

M DCCC LXXVII

PAUL SAINT-OLIVE

ARCHÉOLOGUE LYONNAIS

L'archéologue ou l'antiquaire, dont les fouilles ardentes ont mis au jour des inscriptions précieuses, des médailles rares et à fleur de coin, ou une statue révélant les meilleures époques de l'antiquité, n'est pas plus ravi que l'observateur qui, dans la poussière humaine qui l'environne, découvre un caractère, une individualité, un homme qui est lui et non un autre, et surtout si cet être rare, si cet individu modèle unit le caractère à l'intelligence, le cœur au front.

M. Paul Saint-Olive est un de ces hommes dont la race paraît perdue, qui est lui, bien lui, créé tout d'une pièce sur un patron à part, non fondu dans un moule banal, et dont l'incontestable originalité est accompagnée d'une droiture et d'une rigidité que rien ne fait fléchir. Ce qui est beau le transporte ; ce qui est mauvais ou laid l'agace et l'irrite, et dans ce dernier cas, son coup de boutoir, fortement appliqué, va frapper droit au but, atteignant parfois les personnages le plus haut placés, tout aussi bien que les grandes et belles dames, habituées à ne recueillir que des hommages, et qui sont d'autant plus froissées qu'elles n'ont jamais vu les hommes autrement qu'à leurs genoux.

Qu'un parvenu né dans un grenier rougisse de ses honnêtes parents et prenne le nom de son château ; que des viveurs fassent de la nuit le jour, et donnent une nouvelle édition des orgies romaines; qu'un homme d'argent veuille acheter un chef-d'œuvre de peinture à la toise ou fasse diminuer une toile trop grande pour la place qu'il lui offre dans son salon; qu'une balayeuse de l'avenir étale sa traîne sur le trottoir, encombre les passants de son étalage, et, de son luxe acquis aux dépens de familles ruinées, insulte à la mise modeste des femmes honnêtes, M. Saint-Olive éclate, et une satire violente fait aussitôt justice de l'honnêteté offensée, et venge en vers énergiques et mordants les droits oubliés de la morale.

Voit-il la croix de la Légion-d'Honneur donnée à un négociant taré ? aussitôt il chante les vingt-trois mille adorateurs du Veau d'or, mis à mort au mont Sinaï par Moïse, et il fait remarquer que de nos jours ils eussent été décorés.

Apprend-il qu'on a rougi la boutonnière du profanateur de la musique en France, voit-il dans les journaux qu'on a offert l'insigne vénéré à des romanciers impurs, à des peintres souillant leurs pinceaux, à des joueurs de Bourse, à des journalistes vendus ou à vendre, il casse les vitres à grand fracas et demande quand la Théréza aura son tour ?

Qu'à ce métier-là, M. Saint-Olive se soit fait des ennemis, rien d'étonnant. Dans plus d'un salon on sourit quand il entre, et plus d'un ami oublie de l'inviter quand il a certain monde chez lui; mais les honnêtes gens l'estiment, la masse du public l'honore et le vénère, et il a autour de lui des amis dévoués qui prennent son honneur pour leur honneur, ses contrariétés à leur compte, et accepteraient pour eux tout ennui qui lui serait fait.

A côté de cette haine implacable contre le vice et la sottise, M. Saint-Olive nourrit un amour immense pour sa ville natale qu'il a étudiée, comme pas un, dans son histoire, ses antiquités, ses aspects divers et ses mœurs. Artiste, dessinateur et graveur, il a, son crayon à la main, suivi toutes ses rues, étudié tous ses monuments, gravi tous ses vieux escaliers, dessinant ici une rampe, là une porte, un écusson, une ogive, une fenêtre, un linteau; ou, jetant rapidement sur son papier un effet d'ombre ou de soleil, reproduit un de nos vastes quais, une de nos collines, un édifice condamné à la démolition, nos remparts de la Croix-Rousse, les terrasses de Saint-Just, les jardins de la Claire, ces palais florentins ornements de nos quartiers de l'ouest, ou ces couvents abandonnés dont les ruines pittoresques ornent nos plus beaux points de vue.

Aujourd'hui que le marteau démolisseur a frappé son vieux Lyon, que l'équerre et le niveau ont élargi ses rues, que la cité de son enfance a disparu pour faire place à une ville moderne, M. Saint-Olive gémit de ces changements qu'il regrette, mais alors il montre avec orgueil les souvenirs qu'il a eu le bonheur d'en conserver, et ces dessins précieux et ces fines eaux fortes, et ces lavis si vrais, grâce auxquels on peut reconstituer la ville détruite. Et ces dessins n'ont pas seulement un mérite comme œuvres d'art, ils sont indispensables à tout peintre, à tout historien, à tout romancier qui voudrait représenter ou décrire la ville de 1820, de 1830, la ville d'hier. Ses cartables uniques, fruit d'une vie d'étude et de labeurs, sont une richesse inappréciable ; pour nous, pour les Lyonnais sincères, ils sont un trésor.

Ils sont d'ailleurs le complément de cette foule de livres et de brochures qu'il a écrits sur Lyon, et qui témoignent d'une érudition si profonde et d'une si vaillante activité. Ardent, infatigable, il ne cesse pas un seul jour, un seul instant d'étudier, d'écrire, de dessiner, et la vieillesse a beau frapper à sa porte et lui crier qu'il est un âge pour la tranquillité et le repos, l'intrépide écrivain ne l'écoute pas et, à soixante-et-dix-sept ans, sans lui répondre, il continue son incessant travail.

Que d'académiciens ont un plus humble et plus modeste bagage! que de gens se sont imposés à la publicité avec moins de mérite et de savoir! Mais sans ambition, et dédaigneux du bruit, M. Saint-Olive s'est contenté de se rendre utile et de travailler pour sa chère cité et pour lui.

Est-ce entrer dans la vie privée que de citer un trait qui, dans sa simplicité, touche au sublime, et qui, dans ce siècle, oublieux du foyer paternel, est trop rare pour ne pas être hautement loué?

M. Saint-Olive ne s'est pas marié. N'a-t-il point trouvé de compagne digne de son idéal? Cela nous étonnerait, car malgré la frivolité qu'on reproche à notre civilisation et à nos mœurs, il est plus d'une jeune fille intelligente, douce et dévouée, qui aurait compris l'homme rare qui lui aurait demandé le bonheur; mais M. Saint-Olive avait une mère. A l'opposé des jeunes gens du jour, il n'avait jamais oublié ses peines, ni secoué son joug. Dans sa reconnaissance, sa mère était pour lui l'objet d'un culte et jusqu'au seuil de la vieillesse, il n'a cessé d'être pour elle l'enfant le plus attaché, le plus aimant, le plus respectueux, le plus soumis. N'a-t-il pas voulu lui donner une rivale? nous le croyons. Brusque parfois, railleur, sans pitié pour le ridicule ou le vice, on aurait pu le craindre, à première vue, avant d'avoir connu les trésors de son affection et les richesses d'une âme sensible; mais à soixante ans comme à trente, qui ne l'a vu, chaque soir, à huit heures, quitter précipitamment la société la plus séduisante et la plus aimable, saisir sa canne et son chapeau, et s'enfuir pour assister au souper de sa mère adorée, n'a pas compris l'immense tendresse de son cœur.

Ce trait n'est-il pas plus beau que tant d'actes vantés de bravoure ou de courage?

Jusqu'à la mort de cette mère vénérée, M. Saint-Olive n'a jamais accepté une invitation qui dût le retenir plus tard que huit heures. Il refusait simplement sans cacher, le plus souvent, la cause de son refus. Il avait à cette heure-là un devoir à remplir, et jamais de sa vie il n'y avait manqué.

Comment cet homme si bien doué, cet écrivain fécond, cet érudit, cet artiste qui comprenait si bien le beau, avait-il commencé si tard à se faire un nom? A cinquante ans, à l'âge où tant d'hommes se reposent, il passait pour un personnage aimable, mais il ne s'était jamais servi que de son crayon. Destiné au commerce, issu d'une honorable famille de négociants, il fut jeté hors de sa voie par une maladie douloureuse qui l'éloigna pour jamais des affaires. L'art et la science y gagnèrent, et si ce fut un malheur pour lui, nous devons, avec égoïsme, nous en féliciter au nom de notre chère cité.

Ce fut à Rome où il était allé étudier l'antiquité et les beaux-arts, que le démon d'écrire le mordit et que pour la première fois il éprouva le besoin de fixer sa pensée sur le papier. Ses impressions si vives le charmaient en l'oppressant; sa vue, son goût, son imagination étaient émerveillés, mais qu'allait-il rester de ces fêtes de l'intelligence? De tant de sensations si douces et si nouvelles, qu'allait-il emporter? N'oubliera-t-il pas bientôt tout ce qu'il ressentait aujourd'hui? Emu, enivré, il saisit cette plume qu'il ne devait plus quitter; il note, il classe, il écrit ses souvenirs, et c'est à cet heureux évènement que nous devons cette longue liste de travaux qui l'honorent, et feront connaître son nom à nos petits-neveux.

A peine revenu de Rome, en effet, il présente à la *Revue du Lyonnais*, dont il devait être un des plus zélés collaborateurs, une première étude qui fit sensation :

Promenade dans les Jardins Farnèse, à Rome. Revue du Lyonnais, mars et avril 1851, 27 pages. Début dans la carrière littéraire, à l'âge de cinquante-et-un ans.

Les Touristes à Rome. Revue du Lyonnais, janvier 1853, 29 pages. Ces deux articles n'ont pas eu de tirage à part.

Puis il étudie notre histoire locale, il s'enfonce dans nos vieux quartiers, fouille les vieux livres, les titres et les archives, et fait paraître successivement :

Le Gourguillon au XIIIe siècle. Lyon, Aimé Vingtrinier, 1854, in-8, 24 pages.

Les Romains de la décadence. Lyon, id., 1856, in-8, 152 pages.

Revue de Fourvière. Lyon, id., 1856, in-8, 13 pages.

Inhumation et crémation. Lyon, id., 1857, in-8, 21 pages.

L'*Infibulation*. Lyon, id., 1858, in-8, 8 pages.

Coups de plume, satires. Lyon, id., 1858, in-8, 212 pages.

L'*Antiquité de l'usage de saluer ceux qui éternuent*. Lyon, id., 1859, in-8, 88 pages.

Notice sur le territoire de la Tête-d'Or. Lyon, id., 1860, in-8, 148 pages. Eau forte.

Un fait renouvelé de l'antiquité romaine. Lyon, id., 1860, in-8, 15 pages.

Le Palais de la Bourse, satire. Lyon, id., 1861, in-8, 30 pages.

Le Luxembourg, à Vaise, et les Chevaliers Tireurs. Lyon, id., 1861, in-8, 20 pages.

Les Chevaliers Tireurs de Villefranche. Lyon, id., 1862, in-8, 16 pages.

Souvenirs de Bélisaire, à Rome. Lyon, id., 1862, in-8, 22 pages.

Revue Lyonnaise de 1861. Lyon, id., 1862, in-8, 81 pages.

La Fièvre à Rome. Lyon, id., 1863, in-8, 29 pages.

Voyage en chemin de fer de Lyon à la Croix-Rousse, Lyon, id., 1864, in-8, 164 pages.

Mélanges historiques sur Lyon. Lyon, id., 1864, in-8, 251 pages.

Hygiène publique, gare projetée. Lyon, id., 1865, in-8, 7 pages.

(Cet écrit vif et mordant a empêché l'établissement d'une gare sur l'emplacement des jardins de l'ancien grand Séminaire, à la Croix-Pâquet, et le raccordement, à Saint-Clair, du chemin de fer de Lyon à Bourg.)

Une réminiscence du De Viris : *Fabii trecenti sex.* Lyon, id., 1862, in-8, 12 pages.

Le Culte de la médecine dans l'ancienne Rome. Lyon, id., 1865, in-8, 27 pages.

Le Turbot, IVe satire de Juvénal, poésie. Lyon, id., 1866, in-8, 39 pages.

Un Original, satire. Lyon, id., 1866, in-8, 24 pages.

Serait-ce un préjugé, la propreté ? satire. Lyon, id., 1866, in-8, 7 pages.

Puissance de la bêtise, satire. Lyon, id., 1867, in-8, 37 pages.

Mélanges historiques et littéraires. Lyon, id., 1868, in-8, 351 pages.

VIe satire de Juvénal, les Femmes, poésie. Lyon, id., 1871, in-8, 127 pages.

Variétés littéraires. Lyon, id., 1872, in-8, 439 pages.

Ajoutons comme complément quelques poésies autographiées et offertes à des amis :

Epître au Pape, janvier 1869.
Mes soixante-et-dix ans, décembre 1869.
Le bonheur d'être chat, juin 1870.
La fausse liberté, décembre 1870.

Presque tous ces travaux sont extraits de la *Revue du Lyonnais,* quelques-uns, en petit nombre, du *Lyon Médical;* tous sont rares et recherchés des amateurs.

Aujourd'hui, M. Saint-Olive présente à ses lecteurs ses *Vieux Souvenirs,* un beau volume qu'il déclare être le dernier. Nous espérons bien qu'il nous trompe. Dans son avant-propos, il se calomnie à plaisir, mais nous protestons et avec d'autant plus d'énergie, que ce n'est qu'à son sujet qu'il ne dit pas la vérité, et ce n'est pas la première fois qu'on le prend en faute. Dans plusieurs de ses ouvrages, il se représente comme chagrin, morose et atrabilaire, et c'est lui-même qui, ayant fait son portrait, a écrit au bas :

Ce poète grognon est si rempli de fiel
Que rien ne peut changer son mauvais naturel,
Et voulant, par caprice, exhiber sa figure,
Il n'a su dessiner que sa caricature.

26 Novembre 1869.

Heureusement que ses amis sont là pour protester, et il n'en aurait pas tant s'il était moins aimable et moins bon.

La vie de M. Saint-Olive a été aussi simple que tranquille ; rien n'est venu en troubler la sereine uniformité. Appartenant à une famille honorée, intelligent, actif et libre de liens, il aurait pu se laisser séduire par les mirages de la politique et, ainsi que tant d'ambitieux, se jeter dans la mêlée des partis; il n'en a rien été. Il a laissé l'intrigue à ceux qui l'aiment, les honneurs à ceux qui s'en enivrent, le bruit à ceux qui s'en repaissent; quant à lui, content de n'être rien, il a laissé la pièce se jouer sans lui.

Mais si, sur la scène du monde, il n'a pas voulu avoir de rôle ni prendre le costume et l'emploi d'un acteur, nous ne disons pas que, spectateur railleur, il n'ait pas quelquefois sifflé, et à outrance, la pièce et les acteurs quand il les trouvait mauvais. Il était dans son droit, il en a usé ; qui l'en blâmera ?

Voici les principaux jalons de cette vie calme que nos concitoyens ont entourée de respect et de vénération :

Paul Saint-Olive, fils de Jean-François Saint-Olive et de Jeanne-Adélaïde Gauget, naquit à Lyon le 26 novembre 1799. Il fut baptisé sous les noms de Lambert-Paul. En 1807, à l'âge de sept ans, il fut mis en pension chez M. l'abbé Caille, qui tenait une maison d'éducation renommée sur le plateau de Fourvière, dans une position qui domine la ville et embrasse le cours de nos deux rivières. Son jeune regard, qui contemplait les Alpes dans le lointain dut, dès cette époque, donner à son imagination l'amour du grand et du beau ; mais il n'y resta pas longtemps. Quatre ans après, en février 1811, son père le conduisit à Paris et le fit entrer dans le pensionnat de M. l'abbé Liautard, rue Notre-Dame-des-Champs, pensionnat devenu depuis le Collége-Stanislas. Là il prit le goût des fortes études et jeta les fondements d'un savoir aussi sérieux que varié.

En 1815, à l'époque des Cent-Jours, il revint à Lyon et entra dans la pension Aynès, au clos des Minimes, à Saint-Just, où il resta, sous la surveillance maternelle, jusqu'au mois d'août 1816.

Sa vive intelligence s'étant, pensa-t-on, suffisamment développée, on voulut le faire entrer dans les affaires, et ce même mois d'août 1816, bien jeune encore, il débuta dans les bureaux de son père qui faisait la Commission pour l'Italie. De là naquit le goût si vif du futur archéologue pour cette terre privilégiée de la science et des arts; affection qui ne s'est jamais démentie et qui s'est traduite par de profondes études et de nombreux travaux.

En 1819, M. Saint-Olive le père s'était retiré des affaires; il voulait jouir d'une fortune laborieusement acquise, mais il ne désirait point laisser son fils bien-aimé dans un repos dangereux; il le destina dès-lors au commerce lyonnais par excellence et, suivant les traditions consacrées, il lui fit faire sa théorie pour la fabrique en le faisant monter sur un métier, avant de lui confier les capitaux du fabricant.

Paul Saint-Olive avait vingt ans ; il fit vaillamment sa théorie chez le père Villars, honnête ouvrier en soie, place Saint-Clair, puis il entra comme employé chez M. Petit jeune, fabricant d'étoffes de soie et coton, rue des Capucins. Il n'y fit que passer et fut aussitôt admis chez M. Dussourd, fabricant de façonnés, rue de la Vieille-Monnaie, en face de la rue Coysevox.

Mais il était écrit que Paul Saint-Olive ne serait pas fabricant. Il était appelé à une carrière moins lucrative sans doute, certainement moins orageuse et, pourquoi ne pas l'avouer? plus douce pour lui et plus utile à son pays.

Le jour où il atteignit ses vingt-trois ans, il fut saisi de douleurs si violentes, si persistantes et si tenaces, qu'il fut obligé de quitter sa maison de commerce, et qu'il dut renoncer entièrement à sa profession.

Les stations balnéaires, les hivers passés à Nice et à Montpellier adoucirent sa position, mais ne lui permirent pas de poursuivre sa carrière. Son avenir commercial était brisé et désormais cet esprit actif, cette intelligence vive et prime-sautière dut chercher un aliment d'un autre côté.

M. Saint-Olive s'occupa d'art, de sciences et de littérature. Il prit des leçons de dessin de Nicolas Fonville, peintre estimé, dont le souvenir vit encore à Lyon, et qui tient une place honorable au Musée des artistes lyonnais. Il suivit les cours de nos Facultés, mais surtout étudia la géologie qui lui fournit une occupation séduisante et le lia d'amitié avec l'illustre doyen de notre Faculté des sciences, M. Fournet. Il avait, dès-lors, oublié le négoce et porté plus haut et plus loin toutes les facultés de son esprit.

En 1847, le souvenir de l'Italie lui revint, et, par des études spéciales, il se prépara sérieusement à ce voyage de Rome, que tant de touristes font avec une déplorable légèreté.

Quatre mois de séjour dans la ville éternelle développèrent son goût si éclairé et si sûr pour l'archéologie et les beaux-arts. Il revint enfin toujours épris de l'Italie, quoique légèrement désenchanté de la turbulence et des bouillonnements du peuple italien.

Les esprits s'étant calmés, il voulut revoir cette Italie qui lui était si chère et cette Rome si grande dans son deuil et ses douleurs. Il y passa deux mois encore, en 1850, et compléta ses études archéologiques, qui non-seulement l'avaient consolé et distrait, mais lui avaient procuré tant de bonheur. A son retour, il prit rang parmi les collaborateurs de la *Revue du Lyonnais*, dont il est resté un des amis les plus zélés, et en donnant un aperçu de ses travaux écrits, nous avons montré de quelle vaste érudition il était doué, de quelle activité et de quelle imagination il pouvait être fier.

Puissent ces notes si courtes et si incomplètes, faire connaître ou deviner tout ce que cet homme de bien a dans son âme de digne et de pur, tout ce que son intelligence a de noble et de beau.

www.ingramcontent.com/pod-product-compliance
Lightning Source LLC
Chambersburg PA
CBHW060606050426
42451CB00011B/2103